What Goldens Teach Us

2025 Engagement Calendar

WILLOW CREEK PRESS®

1-800-850-9453 www.willowcreekpress.com

Willow Creek Press, Inc.
PO Box 147
Minocqua, WI 54548

Lunar phases and equinoxes are given in Central Standard Time

NEW ● FIRST ◐ FULL ○ LAST ◑

(AUS) Australia, (CAN) Canada, (FRA) France, (IRL) Ireland, (NZ) New Zealand, (MX) Mexico, (N. IRL) Northern Ireland, (SCT) Scotland, (UK) United Kingdom, (W. AUS) Western Australia

IMPORTANT INFORMATION

Personal Information

Name

Address

Phone number

Email address

Emergency Contact #1

Emergency Contact #2

Emergency Numbers - Dial 911 for Emergencies

Police Non-Emergency

Fire Non-Emergency

Poison Control

Pediatrician

Family Doctor

Hospital

Dentist

Pharmacy

Veterinarian

Alarm Company

Service Garage

Gas/Oil Company

Electric Company

Taxi Service

GENERAL CONTACTS

NAME	CONTACT INFORMATION

GENERAL CONTACTS

NAME	CONTACT INFORMATION

IMPORTANT DATES TO REMEMBER FOR 2025

JANUARY 2025

FEBRUARY 2025

MARCH 2025

IMPORTANT DATES TO REMEMBER FOR 2025

APRIL 2025

MAY 2025

JUNE 2025

IMPORTANT DATES TO REMEMBER FOR 2025

JULY 2025

AUGUST 2025

SEPTEMBER 2025

IMPORTANT DATES TO REMEMBER FOR 2025

OCTOBER 2025

NOVEMBER 2025

DECEMBER 2025

2025

JANUARY

S	M	T	W	T	F	S
			1	2	3	4
5	6	7	8	9	10	11
12	13	14	15	16	17	18
19	20	21	22	23	24	25
26	27	28	29	30	31	

FEBRUARY

S	M	T	W	T	F	S
						1
2	3	4	5	6	7	8
9	10	11	12	13	14	15
16	17	18	19	20	21	22
23	24	25	26	27	28	

MARCH

S	M	T	W	T	F	S
						1
2	3	4	5	6	7	8
9	10	11	12	13	14	15
16	17	18	19	20	21	22
23	24	25	26	27	28	29
30	31					

APRIL

S	M	T	W	T	F	S
		1	2	3	4	5
6	7	8	9	10	11	12
13	14	15	16	17	18	19
20	21	22	23	24	25	26
27	28	29	30			

MAY

S	M	T	W	T	F	S
				1	2	3
4	5	6	7	8	9	10
11	12	13	14	15	16	17
18	19	20	21	22	23	24
25	26	27	28	29	30	31

JUNE

S	M	T	W	T	F	S
1	2	3	4	5	6	7
8	9	10	11	12	13	14
15	16	17	18	19	20	21
22	23	24	25	26	27	28
29	30					

JULY

S	M	T	W	T	F	S
		1	2	3	4	5
6	7	8	9	10	11	12
13	14	15	16	17	18	19
20	21	22	23	24	25	26
27	28	29	30	31		

AUGUST

S	M	T	W	T	F	S
					1	2
3	4	5	6	7	8	9
10	11	12	13	14	15	16
17	18	19	20	21	22	23
24	25	26	27	28	29	30
31						

SEPTEMBER

S	M	T	W	T	F	S
	1	2	3	4	5	6
7	8	9	10	11	12	13
14	15	16	17	18	19	20
21	22	23	24	25	26	27
28	29	30				

OCTOBER

S	M	T	W	T	F	S
			1	2	3	4
5	6	7	8	9	10	11
12	13	14	15	16	17	18
19	20	21	22	23	24	25
26	27	28	29	30	31	

NOVEMBER

S	M	T	W	T	F	S
						1
2	3	4	5	6	7	8
9	10	11	12	13	14	15
16	17	18	19	20	21	22
23	24	25	26	27	28	29
30						

DECEMBER

S	M	T	W	T	F	S
	1	2	3	4	5	6
7	8	9	10	11	12	13
14	15	16	17	18	19	20
21	22	23	24	25	26	27
28	29	30	31			

2026

JANUARY

S	M	T	W	T	F	S
				1	2	3
4	5	6	7	8	9	10
11	12	13	14	15	16	17
18	19	20	21	22	23	24
25	26	27	28	29	30	31

FEBRUARY

S	M	T	W	T	F	S
1	2	3	4	5	6	7
8	9	10	11	12	13	14
15	16	17	18	19	20	21
22	23	24	25	26	27	28

MARCH

S	M	T	W	T	F	S
1	2	3	4	5	6	7
8	9	10	11	12	13	14
15	16	17	18	19	20	21
22	23	24	25	26	27	28
29	30	31				

APRIL

S	M	T	W	T	F	S
			1	2	3	4
5	6	7	8	9	10	11
12	13	14	15	16	17	18
19	20	21	22	23	24	25
26	27	28	29	30		

MAY

S	M	T	W	T	F	S
					1	2
3	4	5	6	7	8	9
10	11	12	13	14	15	16
17	18	19	20	21	22	23
24	25	26	27	28	29	30
31						

JUNE

S	M	T	W	T	F	S
	1	2	3	4	5	6
7	8	9	10	11	12	13
14	15	16	17	18	19	20
21	22	23	24	25	26	27
28	29	30				

JULY

S	M	T	W	T	F	S
			1	2	3	4
5	6	7	8	9	10	11
12	13	14	15	16	17	18
19	20	21	22	23	24	25
26	27	28	29	30	31	

AUGUST

S	M	T	W	T	F	S
						1
2	3	4	5	6	7	8
9	10	11	12	13	14	15
16	17	18	19	20	21	22
23	24	25	26	27	28	29
30	31					

SEPTEMBER

S	M	T	W	T	F	S
		1	2	3	4	5
6	7	8	9	10	11	12
13	14	15	16	17	18	19
20	21	22	23	24	25	26
27	28	29	30			

OCTOBER

S	M	T	W	T	F	S
				1	2	3
4	5	6	7	8	9	10
11	12	13	14	15	16	17
18	19	20	21	22	23	24
25	26	27	28	29	30	31

NOVEMBER

S	M	T	W	T	F	S
1	2	3	4	5	6	7
8	9	10	11	12	13	14
15	16	17	18	19	20	21
22	23	24	25	26	27	28
29	30					

DECEMBER

S	M	T	W	T	F	S
		1	2	3	4	5
6	7	8	9	10	11	12
13	14	15	16	17	18	19
20	21	22	23	24	25	26
27	28	29	30	31		

2027

JANUARY

S	M	T	W	T	F	S
					1	2
3	4	5	6	7	8	9
10	11	12	13	14	15	16
17	18	19	20	21	22	23
24	25	26	27	28	29	30
31						

FEBRUARY

S	M	T	W	T	F	S
	1	2	3	4	5	6
7	8	9	10	11	12	13
14	15	16	17	18	19	20
21	22	23	24	25	26	27
28						

MARCH

S	M	T	W	T	F	S
	1	2	3	4	5	6
7	8	9	10	11	12	13
14	15	16	17	18	19	20
21	22	23	24	25	26	27
28	29	30	31			

APRIL

S	M	T	W	T	F	S
				1	2	3
4	5	6	7	8	9	10
11	12	13	14	15	16	17
18	19	20	21	22	23	24
25	26	27	28	29	30	

MAY

S	M	T	W	T	F	S
						1
2	3	4	5	6	7	8
9	10	11	12	13	14	15
16	17	18	19	20	21	22
23	24	25	26	27	28	29
30	31					

JUNE

S	M	T	W	T	F	S
		1	2	3	4	5
6	7	8	9	10	11	12
13	14	15	16	17	18	19
20	21	22	23	24	25	26
27	28	29	30			

JULY

S	M	T	W	T	F	S
				1	2	3
4	5	6	7	8	9	10
11	12	13	14	15	16	17
18	19	20	21	22	23	24
25	26	27	28	29	30	31

AUGUST

S	M	T	W	T	F	S
1	2	3	4	5	6	7
8	9	10	11	12	13	14
15	16	17	18	19	20	21
22	23	24	25	26	27	28
29	30	31				

SEPTEMBER

S	M	T	W	T	F	S
			1	2	3	4
5	6	7	8	9	10	11
12	13	14	15	16	17	18
19	20	21	22	23	24	25
26	27	28	29	30		

OCTOBER

S	M	T	W	T	F	S
					1	2
3	4	5	6	7	8	9
10	11	12	13	14	15	16
17	18	19	20	21	22	23
24	25	26	27	28	29	30
31						

NOVEMBER

S	M	T	W	T	F	S
	1	2	3	4	5	6
7	8	9	10	11	12	13
14	15	16	17	18	19	20
21	22	23	24	25	26	27
28	29	30				

DECEMBER

S	M	T	W	T	F	S
			1	2	3	4
5	6	7	8	9	10	11
12	13	14	15	16	17	18
19	20	21	22	23	24	25
26	27	28	29	30	31	

JANUARY 2025

Sunday	Monday	Tuesday	Wednesday	Thursday	Friday	Saturday
			1	2	3	4
5	6	7	8	9	10	11
12	13	14	15	16	17	18
19	20	21	22	23	24	25
26	27	28	29	30	31	

FEBRUARY 2025

Sunday	Monday	Tuesday	Wednesday	Thursday	Friday	Saturday
						1
2	3	4	5	6	7	8
9	10	11	12	13	14	15
16	17	18	19	20	21	22
23	24	25	26	27	28	

MARCH 2025

Sunday	Monday	Tuesday	Wednesday	Thursday	Friday	Saturday
						1
2	3	4	5	6	7	8
9	10	11	12	13	14	15
16	17	18	19	20	21	22
23 30	24 31	25	26	27	28	29

APRIL 2025

Sunday	Monday	Tuesday	Wednesday	Thursday	Friday	Saturday
		1	2	3	4	5
6	7	8	9	10	11	12
13	14	15	16	17	18	19
20	21	22	23	24	25	26
27	28	29	30			

MAY 2025

Sunday	Monday	Tuesday	Wednesday	Thursday	Friday	Saturday
				1	2	3
4	5	6	7	8	9	10
11	12	13	14	15	16	17
18	19	20	21	22	23	24
25	26	27	28	29	30	31

JUNE 2025

Sunday	Monday	Tuesday	Wednesday	Thursday	Friday	Saturday
1	2	3	4	5	6	7
8	9	10	11	12	13	14
15	16	17	18	19	20	21
22	23	24	25	26	27	28
29	30					

JULY 2025

Sunday	Monday	Tuesday	Wednesday	Thursday	Friday	Saturday
		1	2	3	4	5
6	7	8	9	10	11	12
13	14	15	16	17	18	19
20	21	22	23	24	25	26
27	28	29	30	31		

AUGUST 2025

Sunday	Monday	Tuesday	Wednesday	Thursday	Friday	Saturday
					1	2
3	4	5	6	7	8	9
10	11	12	13	14	15	16
17	18	19	20	21	22	23
24 / 31	25	26	27	28	29	30

SEPTEMBER 2025

Sunday	Monday	Tuesday	Wednesday	Thursday	Friday	Saturday
	1	2	3	4	5	6
7	8	9	10	11	12	13
14	15	16	17	18	19	20
21	22	23	24	25	26	27
28	29	30				

OCTOBER 2025

Sunday	Monday	Tuesday	Wednesday	Thursday	Friday	Saturday
			1	2	3	4
5	6	7	8	9	10	11
12	13	14	15	16	17	18
19	20	21	22	23	24	25
26	27	28	29	30	31	

NOVEMBER 2025

Sunday	Monday	Tuesday	Wednesday	Thursday	Friday	Saturday
						1
2	3	4	5	6	7	8
9	10	11	12	13	14	15
16	17	18	19	20	21	22
23 / 30	24	25	26	27	28	29

DECEMBER 2025

Sunday	Monday	Tuesday	Wednesday	Thursday	Friday	Saturday
	1	2	3	4	5	6
7	8	9	10	11	12	13
14	15	16	17	18	19	20
21	22	23	24	25	26	27
28	29	30	31			

December 2024/January 2025

NOTES

DECEMBER 2024

S	M	T	W	T	F	S
1	2	3	4	5	6	7
8	9	10	11	12	13	14
15	16	17	18	19	20	21
22	23	24	25	26	27	28
29	30	31				

JANUARY

S	M	T	W	T	F	S
			1	2	3	4
5	6	7	8	9	10	11
12	13	14	15	16	17	18
19	20	21	22	23	24	25
26	27	28	29	30	31	

MONDAY
30

NEW

TUESDAY
31

New Year's Eve

WEDNESDAY
1

New Year's Day

THURSDAY
2

Hanukkah Ends

FRIDAY
3

SATURDAY
4

SUNDAY
5

January 2025

FIRST

Monday 6

Epiphany

Tuesday 7

Wednesday 8

Thursday 9

Friday 10

Saturday 11

Sunday 12

NOTES

JANUARY

S	M	T	W	T	F	S
			1	2	3	4
5	6	7	8	9	10	11
12	13	14	15	16	17	18
19	20	21	22	23	24	25
26	27	28	29	30	31	

FEBRUARY

S	M	T	W	T	F	S
						1
2	3	4	5	6	7	8
9	10	11	12	13	14	15
16	17	18	19	20	21	22
23	24	25	26	27	28	

January 2025

Of all possessions, a friend
is the most precious.
—*Herodotus*

NOTES

JANUARY

S	M	T	W	T	F	S
			1	2	3	4
5	6	7	8	9	10	11
12	13	14	15	16	17	18
19	20	21	22	23	24	25
26	27	28	29	30	31	

FEBRUARY

S	M	T	W	T	F	S
						1
2	3	4	5	6	7	8
9	10	11	12	13	14	15
16	17	18	19	20	21	22
23	24	25	26	27	28	

WEEK 3

MONDAY
13

FULL

TUESDAY
14

WEDNESDAY
15

THURSDAY
16

FRIDAY
17

SATURDAY
18

SUNDAY
19

There is only one happiness in this life,
to love and be loved.
—*George Sand*

January 2025

Monday 20

Martin Luther King, Jr. Day

Tuesday 21

LAST

Wednesday 22

Thursday 23

Friday 24

Saturday 25

Sunday 26

Australia Day (AUS)

NOTES

JANUARY

S	M	T	W	T	F	S
			1	2	3	4
5	6	7	8	9	10	11
12	13	14	15	16	17	18
19	20	21	22	23	24	25
26	27	28	29	30	31	

FEBRUARY

S	M	T	W	T	F	S
						1
2	3	4	5	6	7	8
9	10	11	12	13	14	15
16	17	18	19	20	21	22
23	24	25	26	27	28	

WEEK 4

January/February 2025

NOTES

JANUARY

S	M	T	W	T	F	S
			1	2	3	4
5	6	7	8	9	10	11
12	13	14	15	16	17	18
19	20	21	22	23	24	25
26	27	28	29	30	31	

FEBRUARY

S	M	T	W	T	F	S
						1
2	3	4	5	6	7	8
9	10	11	12	13	14	15
16	17	18	19	20	21	22
23	24	25	26	27	28	

WEEK 5

MONDAY
27

International Holocaust Remembrance Day

TUESDAY
28

WEDNESDAY
29

NEW

Lunar New Year (Year of the Snake)

THURSDAY
30

FRIDAY
31

SATURDAY
1

SUNDAY
2

Groundhog Day

February 2025

Monday
3

Tuesday
4

Wednesday
5

FIRST

Thursday
6

Waitangi Day (NZ)

Friday
7

Saturday
8

Sunday
9

NOTES

FEBRUARY

S	M	T	W	T	F	S
						1
2	3	4	5	6	7	8
9	10	11	12	13	14	15
16	17	18	19	20	21	22
23	24	25	26	27	28	

MARCH

S	M	T	W	T	F	S
						1
2	3	4	5	6	7	8
9	10	11	12	13	14	15
16	17	18	19	20	21	22
23	24	25	26	27	28	29
30	31					

WEEK 6

February 2025

A great accomplishment shouldn't be the end of the road,
just the starting point for the next leap forward.
—Harvey Mackay

NOTES

FEBRUARY

S	M	T	W	T	F	S
						1
2	3	4	5	6	7	8
9	10	11	12	13	14	15
16	17	18	19	20	21	22
23	24	25	26	27	28	

MARCH

S	M	T	W	T	F	S
						1
2	3	4	5	6	7	8
9	10	11	12	13	14	15
16	17	18	19	20	21	22
23	24	25	26	27	28	29
30	31					

WEEK 7

MONDAY
10

TUESDAY
11

WEDNESDAY
12

FULL

Lincoln's Birthday

THURSDAY
13

FRIDAY
14

Valentine's Day

SATURDAY
15

SUNDAY
16

The true secret of happiness lies in taking a genuine interest in all the details of daily life.
—*William Morris*

February 2025

MONDAY 17

President's Day
Heritage Day (CAN-NS)

TUESDAY 18

WEDNESDAY 19

THURSDAY 20

LAST

FRIDAY 21

SATURDAY 22

Washington's Birthday

SUNDAY 23

NOTES

FEBRUARY

S	M	T	W	T	F	S
						1
2	3	4	5	6	7	8
9	10	11	12	13	14	15
16	17	18	19	20	21	22
23	24	25	26	27	28	

MARCH

S	M	T	W	T	F	S
						1
2	3	4	5	6	7	8
9	10	11	12	13	14	15
16	17	18	19	20	21	22
23	24	25	26	27	28	29
30	31					

February/March 2025

NOTES

FEBRUARY

S	M	T	W	T	F	S
						1
2	3	4	5	6	7	8
9	10	11	12	13	14	15
16	17	18	19	20	21	22
23	24	25	26	27	28	

MARCH

S	M	T	W	T	F	S
						1
2	3	4	5	6	7	8
9	10	11	12	13	14	15
16	17	18	19	20	21	22
23	24	25	26	27	28	29
30	31					

WEEK 9

MONDAY
24

TUESDAY
25

WEDNESDAY
26

THURSDAY
27

NEW

FRIDAY
28

Ramadan Begins

SATURDAY
1

SUNDAY
2

March 2025

Monday
3

Tuesday
4

Fat Tuesday (Mardi Gras)

Wednesday
5

Ash Wednesday

Thursday
6

FIRST

Friday
7

Saturday
8

Sunday
9

Daylight Saving Time Begins

NOTES

MARCH

S	M	T	W	T	F	S
						1
2	3	4	5	6	7	8
9	10	11	12	13	14	15
16	17	18	19	20	21	22
23	24	25	26	27	28	29
30	31					

APRIL

S	M	T	W	T	F	S
		1	2	3	4	5
6	7	8	9	10	11	12
13	14	15	16	17	18	19
20	21	22	23	24	25	26
27	28	29	30			

March 2025

The good life is one inspired by love
and guided by knowledge.
—Bertrand Russell

NOTES

MARCH

S	M	T	W	T	F	S
						1
2	3	4	5	6	7	8
9	10	11	12	13	14	15
16	17	18	19	20	21	22
23	24	25	26	27	28	29
30	31					

APRIL

S	M	T	W	T	F	S
		1	2	3	4	5
6	7	8	9	10	11	12
13	14	15	16	17	18	19
20	21	22	23	24	25	26
27	28	29	30			

WEEK 11

MONDAY
10

Commonwealth Day (CAN, UK, AUS)

TUESDAY
11

WEDNESDAY
12

THURSDAY
13

Purim Begins

FRIDAY
14

FULL

Purim Ends

SATURDAY
15

SUNDAY
16

You can't cross the sea merely by standing and staring at the water.
—*Rabindranath Tagore*

March 2025

MONDAY 17

St. Patrick's Day

TUESDAY 18

WEDNESDAY 19

THURSDAY 20

Spring Equinox

FRIDAY 21

SATURDAY 22

LAST

SUNDAY 23

NOTES

MARCH

S	M	T	W	T	F	S
						1
2	3	4	5	6	7	8
9	10	11	12	13	14	15
16	17	18	19	20	21	22
23	24	25	26	27	28	29
30	31					

APRIL

S	M	T	W	T	F	S
		1	2	3	4	5
6	7	8	9	10	11	12
13	14	15	16	17	18	19
20	21	22	23	24	25	26
27	28	29	30			

WEEK 12

March 2025

NOTES

MARCH

S	M	T	W	T	F	S
						1
2	3	4	5	6	7	8
9	10	11	12	13	14	15
16	17	18	19	20	21	22
23	24	25	26	27	28	29
30	31					

APRIL

S	M	T	W	T	F	S
		1	2	3	4	5
6	7	8	9	10	11	12
13	14	15	16	17	18	19
20	21	22	23	24	25	26
27	28	29	30			

WEEK 13

MONDAY
24

TUESDAY
25

WEDNESDAY
26

THURSDAY
27

FRIDAY
28

SATURDAY
29

NEW

SUNDAY
30

Mothering Sunday (UK)

Ramadan Ends

Eid al-Fitr Begins

March/April 2025

Monday 31

Eid al-Fitr Ends

Tuesday 1

April Fool's Day

Wednesday 2

Thursday 3

Friday 4

◐ FIRST

Saturday 5

Sunday 6

NOTES

MARCH

S	M	T	W	T	F	S
						1
2	3	4	5	6	7	8
9	10	11	12	13	14	15
16	17	18	19	20	21	22
23	24	25	26	27	28	29
30	31					

APRIL

S	M	T	W	T	F	S
		1	2	3	4	5
6	7	8	9	10	11	12
13	14	15	16	17	18	19
20	21	22	23	24	25	26
27	28	29	30			

April 2025

Nothing is so strong as gentleness,
nothing so gentle as real strength.
—Saint Francis de Sales

NOTES

APRIL

S	M	T	W	T	F	S
		1	2	3	4	5
6	7	8	9	10	11	12
13	14	15	16	17	18	19
20	21	22	23	24	25	26
27	28	29	30			

MAY

S	M	T	W	T	F	S
				1	2	3
4	5	6	7	8	9	10
11	12	13	14	15	16	17
18	19	20	21	22	23	24
25	26	27	28	29	30	31

WEEK 15

MONDAY
7

TUESDAY
8

WEDNESDAY
9

THURSDAY
10

FRIDAY
11

SATURDAY
12

FULL

Passover Begins

SUNDAY
13

Palm Sunday

We all want to be a little glamorous, a little playful and a little mischievous at times.
—Jason Wu

April 2025

Monday 14

Tuesday 15

Income Tax Deadline

Wednesday 16

Emancipation Day

Thursday 17

Friday 18

Good Friday

Saturday 19

Sunday 20

LAST

Easter Sunday
Greek Orthodox Easter
Passover Ends

NOTES

APRIL

S	M	T	W	T	F	S
		1	2	3	4	5
6	7	8	9	10	11	12
13	14	15	16	17	18	19
20	21	22	23	24	25	26
27	28	29	30			

MAY

S	M	T	W	T	F	S
				1	2	3
4	5	6	7	8	9	10
11	12	13	14	15	16	17
18	19	20	21	22	23	24
25	26	27	28	29	30	31

WEEK 16

April 2025

NOTES

APRIL

S	M	T	W	T	F	S
		1	2	3	4	5
6	7	8	9	10	11	12
13	14	15	16	17	18	19
20	21	22	23	24	25	26
27	28	29	30			

MAY

S	M	T	W	T	F	S
				1	2	3
4	5	6	7	8	9	10
11	12	13	14	15	16	17
18	19	20	21	22	23	24
25	26	27	28	29	30	31

WEEK 17

MONDAY
21

Easter Monday

TUESDAY
22

Earth Day

WEDNESDAY
23

Admin. Professionals Day

St. George's Day (UK)

THURSDAY
24

FRIDAY
25

Arbor Day

Anzac Day (NZ, AUS)

SATURDAY
26

SUNDAY
27

NEW

April/May 2025

Monday 28

St. George's Day Observed (UK)

Tuesday 29

Wednesday 30

Thursday 1

National Day of Prayer
Labor Day (MX)

Friday 2

Saturday 3

FIRST

Sunday 4

NOTES

APRIL

S	M	T	W	T	F	S
		1	2	3	4	5
6	7	8	9	10	11	12
13	14	15	16	17	18	19
20	21	22	23	24	25	26
27	28	29	30			

MAY

S	M	T	W	T	F	S
				1	2	3
4	5	6	7	8	9	10
11	12	13	14	15	16	17
18	19	20	21	22	23	24
25	26	27	28	29	30	31

May 2025

Happiness is when what you think, what you say,
and what you do are in harmony.
—Mahatma Gandhi

NOTES

MAY

S	M	T	W	T	F	S
				1	2	3
4	5	6	7	8	9	10
11	12	13	14	15	16	17
18	19	20	21	22	23	24
25	26	27	28	29	30	31

JUNE

S	M	T	W	T	F	S
1	2	3	4	5	6	7
8	9	10	11	12	13	14
15	16	17	18	19	20	21
22	23	24	25	26	27	28
29	30					

WEEK 19

MONDAY
5

Cinco de Mayo (MX)
Early May Bank Holiday (UK, IRL)

TUESDAY
6

WEDNESDAY
7

THURSDAY
8

FRIDAY
9

SATURDAY
10

SUNDAY
11

Mother's Day

It's good to be prepared, but spontaneity is very important—
just to let yourself go and let it be whatever it is.
—*Aron Eisenberg*

May 2025

FULL

Monday 12

Tuesday 13

Wednesday 14

Thursday 15

Friday 16

Saturday 17

Armed Forces Day

Sunday 18

NOTES

MAY

S	M	T	W	T	F	S
				1	2	3
4	5	6	7	8	9	10
11	12	13	14	15	16	17
18	19	20	21	22	23	24
25	26	27	28	29	30	31

JUNE

S	M	T	W	T	F	S
1	2	3	4	5	6	7
8	9	10	11	12	13	14
15	16	17	18	19	20	21
22	23	24	25	26	27	28
29	30					

May 2025

NOTES

MAY

S	M	T	W	T	F	S
				1	2	3
4	5	6	7	8	9	10
11	12	13	14	15	16	17
18	19	20	21	22	23	24
25	26	27	28	29	30	31

JUNE

S	M	T	W	T	F	S
1	2	3	4	5	6	7
8	9	10	11	12	13	14
15	16	17	18	19	20	21
22	23	24	25	26	27	28
29	30					

WEEK 21

MONDAY
19

Victoria Day (CAN)

TUESDAY
20

LAST

WEDNESDAY
21

THURSDAY
22

FRIDAY
23

SATURDAY
24

SUNDAY
25

May/June 2025

NEW

Monday 26

Memorial Day
Spring Bank Holiday (UK)

Tuesday 27

Wednesday 28

Thursday 29

Friday 30

Saturday 31

Sunday 1

NOTES

MAY

S	M	T	W	T	F	S
				1	2	3
4	5	6	7	8	9	10
11	12	13	14	15	16	17
18	19	20	21	22	23	24
25	26	27	28	29	30	31

JUNE

S	M	T	W	T	F	S
1	2	3	4	5	6	7
8	9	10	11	12	13	14
15	16	17	18	19	20	21
22	23	24	25	26	27	28
29	30					

June 2025

Where we love is home—home that our feet may leave, but not our hearts.
—Oliver Wendell Holmes, Sr.

NOTES

JUNE

S	M	T	W	T	F	S
1	2	3	4	5	6	7
8	9	10	11	12	13	14
15	16	17	18	19	20	21
22	23	24	25	26	27	28
29	30					

JULY

S	M	T	W	T	F	S
		1	2	3	4	5
6	7	8	9	10	11	12
13	14	15	16	17	18	19
20	21	22	23	24	25	26
27	28	29	30	31		

WEEK 23

Monday
2

FIRST

King's Birthday (NZ)
June Bank Holiday (IRL)

Tuesday
3

Wednesday
4

Thursday
5

Friday
6

D-Day

Saturday
7

Sunday
8

Pentecost

Nature always wears the colors of the spirit.
—*Ralph Waldo Emerson*

June 2025

MONDAY 9

King's Birthday (AUS)

TUESDAY 10

WEDNESDAY 11

FULL

THURSDAY 12

FRIDAY 13

SATURDAY 14

Flag Day

SUNDAY 15

Father's Day

NOTES

JUNE

S	M	T	W	T	F	S
1	2	3	4	5	6	7
8	9	10	11	12	13	14
15	16	17	18	19	20	21
22	23	24	25	26	27	28
29	30					

JULY

S	M	T	W	T	F	S
		1	2	3	4	5
6	7	8	9	10	11	12
13	14	15	16	17	18	19
20	21	22	23	24	25	26
27	28	29	30	31		

June 2025

NOTES

JUNE

S	M	T	W	T	F	S
1	2	3	4	5	6	7
8	9	10	11	12	13	14
15	16	17	18	19	20	21
22	23	24	25	26	27	28
29	30					

JULY

S	M	T	W	T	F	S
		1	2	3	4	5
6	7	8	9	10	11	12
13	14	15	16	17	18	19
20	21	22	23	24	25	26
27	28	29	30	31		

WEEK 25

MONDAY
16

TUESDAY
17

WEDNESDAY
18

LAST

THURSDAY
19

Juneteenth

FRIDAY
20

Summer Solstice

SATURDAY
21

SUNDAY
22

June 2025

Monday
23

Tuesday
24

St. Jean-Baptiste Day (Quebec)

● NEW

Wednesday
25

Thursday
26

Friday
27

Saturday
28

Sunday
29

NOTES

JUNE

S	M	T	W	T	F	S
1	2	3	4	5	6	7
8	9	10	11	12	13	14
15	16	17	18	19	20	21
22	23	24	25	26	27	28
29	30					

JULY

S	M	T	W	T	F	S
		1	2	3	4	5
6	7	8	9	10	11	12
13	14	15	16	17	18	19
20	21	22	23	24	25	26
27	28	29	30	31		

June/July 2025

Curiosity will conquer fear even more than bravery will.
—James Stephens

NOTES

MONDAY
30

TUESDAY
1

Canada Day

WEDNESDAY
2

FIRST

THURSDAY
3

FRIDAY
4

Independence Day

SATURDAY
5

SUNDAY
6

JUNE

S	M	T	W	T	F	S
1	2	3	4	5	6	7
8	9	10	11	12	13	14
15	16	17	18	19	20	21
22	23	24	25	26	27	28
29	30					

JULY

S	M	T	W	T	F	S
		1	2	3	4	5
6	7	8	9	10	11	12
13	14	15	16	17	18	19
20	21	22	23	24	25	26
27	28	29	30	31		

WEEK 27

Perfection is not attainable, but if we chase perfection we can catch excellence.
—*Vince Lombardi*

July 2025

MONDAY 7

TUESDAY 8

WEDNESDAY 9

FULL

THURSDAY 10

FRIDAY 11

SATURDAY 12

Battle of the Boyne (N. IRL)

SUNDAY 13

NOTES

JULY

S	M	T	W	T	F	S
		1	2	3	4	5
6	7	8	9	10	11	12
13	14	15	16	17	18	19
20	21	22	23	24	25	26
27	28	29	30	31		

AUGUST

S	M	T	W	T	F	S
					1	2
3	4	5	6	7	8	9
10	11	12	13	14	15	16
17	18	19	20	21	22	23
24	25	26	27	28	29	30
31						

WEEK 28

July 2025

NOTES

JULY

S	M	T	W	T	F	S
		1	2	3	4	5
6	7	8	9	10	11	12
13	14	15	16	17	18	19
20	21	22	23	24	25	26
27	28	29	30	31		

AUGUST

S	M	T	W	T	F	S
					1	2
3	4	5	6	7	8	9
10	11	12	13	14	15	16
17	18	19	20	21	22	23
24	25	26	27	28	29	30
31						

WEEK 29

MONDAY
14

Bastille Day (FRA)

TUESDAY
15

WEDNESDAY
16

THURSDAY
17

LAST

FRIDAY
18

SATURDAY
19

SUNDAY
20

July 2025

MONDAY
21

TUESDAY
22

WEDNESDAY
23

NEW

THURSDAY
24

FRIDAY
25

SATURDAY
26

SUNDAY
27

NOTES

JULY

S	M	T	W	T	F	S
		1	2	3	4	5
6	7	8	9	10	11	12
13	14	15	16	17	18	19
20	21	22	23	24	25	26
27	28	29	30	31		

AUGUST

S	M	T	W	T	F	S
					1	2
3	4	5	6	7	8	9
10	11	12	13	14	15	16
17	18	19	20	21	22	23
24	25	26	27	28	29	30
31						

July/August 2025

Keep your face always toward the sunshine—
and shadows will fall behind you.
—*Walt Whitman*

NOTES

JULY

S	M	T	W	T	F	S
		1	2	3	4	5
6	7	8	9	10	11	12
13	14	15	16	17	18	19
20	21	22	23	24	25	26
27	28	29	30	31		

AUGUST

S	M	T	W	T	F	S
					1	2
3	4	5	6	7	8	9
10	11	12	13	14	15	16
17	18	19	20	21	22	23
24	25	26	27	28	29	30
31						

WEEK 31

MONDAY
28

TUESDAY
29

WEDNESDAY
30

THURSDAY
31

FRIDAY
1

FIRST

SATURDAY
2

SUNDAY
3

Nutrition Facts

Life is like an ice-cream cone, you have to lick it one day at a time.
—*Charles M. Schulz*

August 2025

Monday 4

Civic Holiday (CAN)
Heritage Day (CAN-AB)
August Bank Holiday (IRL)
Summer Bank Holiday (SCT)

Tuesday 5

Wednesday 6

Thursday 7

Friday 8

Saturday 9

FULL

Sunday 10

NOTES

AUGUST

S	M	T	W	T	F	S
					1	2
3	4	5	6	7	8	9
10	11	12	13	14	15	16
17	18	19	20	21	22	23
24	25	26	27	28	29	30
31						

SEPTEMBER

S	M	T	W	T	F	S
	1	2	3	4	5	6
7	8	9	10	11	12	13
14	15	16	17	18	19	20
21	22	23	24	25	26	27
28	29	30				

WEEK 32

August 2025

NOTES

AUGUST

S	M	T	W	T	F	S
					1	2
3	4	5	6	7	8	9
10	11	12	13	14	15	16
17	18	19	20	21	22	23
24	25	26	27	28	29	30
31						

SEPTEMBER

S	M	T	W	T	F	S
	1	2	3	4	5	6
7	8	9	10	11	12	13
14	15	16	17	18	19	20
21	22	23	24	25	26	27
28	29	30				

WEEK 33

MONDAY
11

TUESDAY
12

WEDNESDAY
13

THURSDAY
14

FRIDAY
15

Assumption of the Blessed Virgin Mary

SATURDAY
16

LAST

SUNDAY
17

August 2025

Monday
18

Tuesday
19

Wednesday
20

Thursday
21

Friday
22

NEW

Saturday
23

Sunday
24

NOTES

AUGUST

S	M	T	W	T	F	S
					1	2
3	4	5	6	7	8	9
10	11	12	13	14	15	16
17	18	19	20	21	22	23
24	25	26	27	28	29	30
31						

SEPTEMBER

S	M	T	W	T	F	S
	1	2	3	4	5	6
7	8	9	10	11	12	13
14	15	16	17	18	19	20
21	22	23	24	25	26	27
28	29	30				

The face is the mirror of the mind, and eyes without speaking confess the secrets of the heart.
—St. Jerome

August 2025

NOTES

AUGUST

S	M	T	W	T	F	S
					1	2
3	4	5	6	7	8	9
10	11	12	13	14	15	16
17	18	19	20	21	22	23
24	25	26	27	28	29	30
31						

SEPTEMBER

S	M	T	W	T	F	S
	1	2	3	4	5	6
7	8	9	10	11	12	13
14	15	16	17	18	19	20
21	22	23	24	25	26	27
28	29	30				

WEEK 35

MONDAY
25

Summer Bank Holiday (UK)

TUESDAY
26

WEDNESDAY
27

THURSDAY
28

FRIDAY
29

SATURDAY
30

SUNDAY
31

FIRST

A smile is the universal welcome.
—Max Eastman

September 2025

Monday 1

Labor Day

Tuesday 2

Wednesday 3

Thursday 4

Friday 5

Saturday 6

Sunday 7

FULL

Grandparent's Day
Father's Day (AUS)

NOTES

SEPTEMBER

S	M	T	W	T	F	S
	1	2	3	4	5	6
7	8	9	10	11	12	13
14	15	16	17	18	19	20
21	22	23	24	25	26	27
28	29	30				

OCTOBER

S	M	T	W	T	F	S
			1	2	3	4
5	6	7	8	9	10	11
12	13	14	15	16	17	18
19	20	21	22	23	24	25
26	27	28	29	30	31	

WEEK 36

September 2025

NOTES

SEPTEMBER

S	M	T	W	T	F	S
	1	2	3	4	5	6
7	8	9	10	11	12	13
14	15	16	17	18	19	20
21	22	23	24	25	26	27
28	29	30				

OCTOBER

S	M	T	W	T	F	S
			1	2	3	4
5	6	7	8	9	10	11
12	13	14	15	16	17	18
19	20	21	22	23	24	25
26	27	28	29	30	31	

WEEK 37

MONDAY
8

TUESDAY
9

WEDNESDAY
10

THURSDAY
11

Patriot Day

FRIDAY
12

SATURDAY
13

SUNDAY
14

LAST

September 2025

Monday
15

Tuesday
16

Independence Day (MX)

Wednesday
17

Thursday
18

Friday
19

Saturday
20

NEW

Sunday
21

UN International Day of Peace

NOTES

SEPTEMBER

S	M	T	W	T	F	S
	1	2	3	4	5	6
7	8	9	10	11	12	13
14	15	16	17	18	19	20
21	22	23	24	25	26	27
28	29	30				

OCTOBER

S	M	T	W	T	F	S
			1	2	3	4
5	6	7	8	9	10	11
12	13	14	15	16	17	18
19	20	21	22	23	24	25
26	27	28	29	30	31	

September 2025

Miracles come in moments.
Be ready and willing.
—Wayne Dyer

NOTES

Monday
22

Fall Equinox

Rosh Hashanah Begins

Tuesday
23

Wednesday
24

Rosh Hashanah Ends

Thursday
25

Friday
26

Saturday
27

Sunday
28

SEPTEMBER

S	M	T	W	T	F	S
	1	2	3	4	5	6
7	8	9	10	11	12	13
14	15	16	17	18	19	20
21	22	23	24	25	26	27
28	29	30				

OCTOBER

S	M	T	W	T	F	S
			1	2	3	4
5	6	7	8	9	10	11
12	13	14	15	16	17	18
19	20	21	22	23	24	25
26	27	28	29	30	31	

WEEK 39

Challenge yourself, jump off the deep end and learn to swim.
—*Carson Kressley*

September/October 2025

FIRST

MONDAY
29

King's Birthday (W. AUS)

TUESDAY
30

WEDNESDAY
1

Yom Kippur Begins

THURSDAY
2

Yom Kippur Ends

FRIDAY
3

SATURDAY
4

SUNDAY
5

NOTES

SEPTEMBER

S	M	T	W	T	F	S
	1	2	3	4	5	6
7	8	9	10	11	12	13
14	15	16	17	18	19	20
21	22	23	24	25	26	27
28	29	30				

OCTOBER

S	M	T	W	T	F	S
			1	2	3	4
5	6	7	8	9	10	11
12	13	14	15	16	17	18
19	20	21	22	23	24	25
26	27	28	29	30	31	

October 2025

NOTES

OCTOBER

S	M	T	W	T	F	S
			1	2	3	4
5	6	7	8	9	10	11
12	13	14	15	16	17	18
19	20	21	22	23	24	25
26	27	28	29	30	31	

NOVEMBER

S	M	T	W	T	F	S
						1
2	3	4	5	6	7	8
9	10	11	12	13	14	15
16	17	18	19	20	21	22
23	24	25	26	27	28	29
30						

WEEK 41

MONDAY
6

FULL

Sukkot Begins

TUESDAY
7

WEDNESDAY
8

THURSDAY
9

FRIDAY
10

SATURDAY
11

SUNDAY
12

October 2025

LAST

Columbus Day
Indigenous People's Day
Thanksgiving Day (CAN)
Sukkot Ends

MONDAY 13

TUESDAY 14

WEDNESDAY 15

THURSDAY 16

Boss's Day

FRIDAY 17

SATURDAY 18

Sweetest Day

SUNDAY 19

NOTES

OCTOBER

S	M	T	W	T	F	S
			1	2	3	4
5	6	7	8	9	10	11
12	13	14	15	16	17	18
19	20	21	22	23	24	25
26	27	28	29	30	31	

NOVEMBER

S	M	T	W	T	F	S
						1
2	3	4	5	6	7	8
9	10	11	12	13	14	15
16	17	18	19	20	21	22
23	24	25	26	27	28	29
30						

October 2025

Change your opinions, keep to your principles;
change your leaves, keep intact your roots.
—*Victor Hugo*

NOTES

MONDAY 20	Diwali
TUESDAY 21	NEW
WEDNESDAY 22	
THURSDAY 23	
FRIDAY 24	United Nations Day
SATURDAY 25	
SUNDAY 26	

OCTOBER

S	M	T	W	T	F	S
			1	2	3	4
5	6	7	8	9	10	11
12	13	14	15	16	17	18
19	20	21	22	23	24	25
26	27	28	29	30	31	

NOVEMBER

S	M	T	W	T	F	S
						1
2	3	4	5	6	7	8
9	10	11	12	13	14	15
16	17	18	19	20	21	22
23	24	25	26	27	28	29
30						

WEEK 43

You can't pee like a puppy if you wanna run with the big dogs.
—*Nikki Sixx*

October/November 2025

Monday 27

Labour Day (NZ)
October Bank Holiday (IRL)

Tuesday 28

FIRST

Wednesday 29

Thursday 30

Friday 31

Halloween

Saturday 1

All Saints Day

Sunday 2

Daylight Saving Time Ends
All Souls Day (Dia de los Muertos)

NOTES

OCTOBER

S	M	T	W	T	F	S
			1	2	3	4
5	6	7	8	9	10	11
12	13	14	15	16	17	18
19	20	21	22	23	24	25
26	27	28	29	30	31	

NOVEMBER

S	M	T	W	T	F	S
						1
2	3	4	5	6	7	8
9	10	11	12	13	14	15
16	17	18	19	20	21	22
23	24	25	26	27	28	29
30						

WEEK 44

November 2025

NOTES

MONDAY 3

Monday
3

Tuesday
4

Election Day

Wednesday
5

FULL

Guy Fawkes Day (UK)

Thursday
6

Friday
7

Saturday
8

Sunday
9

Remembrance Sunday (UK)

NOVEMBER

S	M	T	W	T	F	S
						1
2	3	4	5	6	7	8
9	10	11	12	13	14	15
16	17	18	19	20	21	22
23	24	25	26	27	28	29
30						

DECEMBER

S	M	T	W	T	F	S
	1	2	3	4	5	6
7	8	9	10	11	12	13
14	15	16	17	18	19	20
21	22	23	24	25	26	27
28	29	30	31			

November 2025

Monday
10

Tuesday
11

◐ LAST

Veteran's Day
Remembrance Day (CAN)

Wednesday
12

Thursday
13

Friday
14

Saturday
15

Sunday
16

NOTES

NOVEMBER

S	M	T	W	T	F	S
						1
2	3	4	5	6	7	8
9	10	11	12	13	14	15
16	17	18	19	20	21	22
23	24	25	26	27	28	29
30						

DECEMBER

S	M	T	W	T	F	S
	1	2	3	4	5	6
7	8	9	10	11	12	13
14	15	16	17	18	19	20
21	22	23	24	25	26	27
28	29	30	31			

November 2025

At the end of the day, you can't control the results; you can only control your effort level and your focus.
—Ben Zobrist

NOTES

NOVEMBER

S	M	T	W	T	F	S
						1
2	3	4	5	6	7	8
9	10	11	12	13	14	15
16	17	18	19	20	21	22
23	24	25	26	27	28	29
30						

DECEMBER

S	M	T	W	T	F	S
	1	2	3	4	5	6
7	8	9	10	11	12	13
14	15	16	17	18	19	20
21	22	23	24	25	26	27
28	29	30	31			

WEEK 47

MONDAY
17

Revolution Day (MX)

TUESDAY
18

WEDNESDAY
19

THURSDAY
20

NEW

FRIDAY
21

SATURDAY
22

SUNDAY
23

Friendly people are caring people, eager to provide encouragement and support when needed most.
—Rosabeth Moss Kanter

November 2025

MONDAY
24

TUESDAY
25

WEDNESDAY
26

THURSDAY
27

Thanksgiving Day

FIRST

FRIDAY
28

SATURDAY
29

SUNDAY
30

NOTES

NOVEMBER

S	M	T	W	T	F	S
						1
2	3	4	5	6	7	8
9	10	11	12	13	14	15
16	17	18	19	20	21	22
23	24	25	26	27	28	29
30						

DECEMBER

S	M	T	W	T	F	S
	1	2	3	4	5	6
7	8	9	10	11	12	13
14	15	16	17	18	19	20
21	22	23	24	25	26	27
28	29	30	31			

December 2025

NOTES

DECEMBER

S	M	T	W	T	F	S
	1	2	3	4	5	6
7	8	9	10	11	12	13
14	15	16	17	18	19	20
21	22	23	24	25	26	27
28	29	30	31			

JANUARY 2026

S	M	T	W	T	F	S
				1	2	3
4	5	6	7	8	9	10
11	12	13	14	15	16	17
18	19	20	21	22	23	24
25	26	27	28	29	30	31

WEEK 49

MONDAY
1

TUESDAY
2

WEDNESDAY
3

THURSDAY
4

FULL

FRIDAY
5

SATURDAY
6

St. Nicholas Day

SUNDAY
7

Pearl Harbor Remembrance Day

December 2025

Monday
8

Tuesday
9

Wednesday
10

LAST

Thursday
11

Friday
12

Fiesta of Our Lady of Guadalupe (MX)

Saturday
13

Sunday
14

Hanukkah Begins

NOTES

DECEMBER

S	M	T	W	T	F	S
	1	2	3	4	5	6
7	8	9	10	11	12	13
14	15	16	17	18	19	20
21	22	23	24	25	26	27
28	29	30	31			

JANUARY 2026

S	M	T	W	T	F	S
				1	2	3
4	5	6	7	8	9	10
11	12	13	14	15	16	17
18	19	20	21	22	23	24
25	26	27	28	29	30	31

December 2025

Life is full of adventure. There's no such thing as a clear pathway.
—*Guy Laliberte*

NOTES

DECEMBER

S	M	T	W	T	F	S
	1	2	3	4	5	6
7	8	9	10	11	12	13
14	15	16	17	18	19	20
21	22	23	24	25	26	27
28	29	30	31			

JANUARY 2026

S	M	T	W	T	F	S
				1	2	3
4	5	6	7	8	9	10
11	12	13	14	15	16	17
18	19	20	21	22	23	24
25	26	27	28	29	30	31

WEEK 51

MONDAY 15

TUESDAY 16

WEDNESDAY 17

THURSDAY 18

FRIDAY 19

NEW

SATURDAY 20

SUNDAY 21

Winter Solstice

The only way to have a friend is to be one.
—Ralph Waldo Emerson

December 2025

Monday 22

Hanukkah Ends

Tuesday 23

Wednesday 24

Christmas Eve

Thursday 25

Christmas Day

Friday 26

Kwanzaa (until Jan. 1st)
St. Stephen's Day
Boxing Day (CAN, UK)

Saturday 27

FIRST

Sunday 28

NOTES

DECEMBER

S	M	T	W	T	F	S
	1	2	3	4	5	6
7	8	9	10	11	12	13
14	15	16	17	18	19	20
21	22	23	24	25	26	27
28	29	30	31			

JANUARY 2026

S	M	T	W	T	F	S
				1	2	3
4	5	6	7	8	9	10
11	12	13	14	15	16	17
18	19	20	21	22	23	24
25	26	27	28	29	30	31

December 2025/January 2026

NOTES

DECEMBER

S	M	T	W	T	F	S
	1	2	3	4	5	6
7	8	9	10	11	12	13
14	15	16	17	18	19	20
21	22	23	24	25	26	27
28	29	30	31			

JANUARY 2026

S	M	T	W	T	F	S
				1	2	3
4	5	6	7	8	9	10
11	12	13	14	15	16	17
18	19	20	21	22	23	24
25	26	27	28	29	30	31

WEEK 53

MONDAY
29

TUESDAY
30

WEDNESDAY
31

New Year's Eve

THURSDAY
1

New Year's Day

FRIDAY
2

SATURDAY
3

FULL

SUNDAY
4

NOTES

NOTES

NOTES

NOTES

NOTES

NOTES

NOTES

NOTES